Schreibtrainer 3

Texte planen, schreiben, überarbeiten und präsentieren – Bildungsstandards erreichen

Erarbeitet von

Christine Berthold
Gisela Dorst
Sabine Krönert

Illustriert von

Stefanie Jeschke

Cornelsen

Inhalt

1 Texte planen, Schreibideen entwickeln

2 Texte schreiben

2.1 *Sachlich-kommunikatives Schreiben*

2.2 *Schreiben zu poetischen Texten*

Heftaufgabe — Partneraufgabe — Zusatzaufgabe

Hier kannst du einen Stichwortzettel schreiben.

Ferienerlebnisse

- draußen übernachtet
- Schlafsäcke besorgt
- Liegen auf Balkon gestellt
- lange gequatscht
- plötzlich Sternschnuppen am Himmel gesehen
- leise was gewünscht

- Radtour mit Freunden
- steiler Berg
- endlich oben angekommen
- Schreck, Handy weg
- wieder umgekehrt
- Handy auf Rastplatz unten
- nochmal steile Strecke

1. Kreuze den Stichwortzettel an, der zum Bild oben passt.
2. Schließe die Augen und erinnere dich an deine Ferienerlebnisse. Schreibe zu einem Erlebnis auch so einen Stichwortzettel.

Hier kannst du ein Ferienerlebnis aufschreiben.

Mein Ferienerlebnis

1. Schreibe mithilfe deines Stichwortzettels von Seite 4 dein Ferienerlebnis auf.

✲ Wo ich gern einmal meine Ferien verbringen würde

Schreibe einen Stichwortzettel und einen Text dazu.

Jeder braucht Freunde

1. Die Bilder zeigen gute Freunde. Schreibe zu jedem Bild zwei Sätze.

1. Die beiden Mädchen sind gute Freundinnen.
In jeder großen Pause

Hier kannst du ein Bild malen und dazu einen Text schreiben.

Mein bester Freund – meine beste Freundin

1. Male dich mit deinem besten Freund oder deiner besten Freundin.
2. Schreibe in einem Text, was du mit deinem Freund/deiner Freundin gern machst.

✲ Schreibe in einem Text, wie ein Freund auf gar keinen Fall sein sollte.

Der salzige Acker

Die Schildbürger bewachten ihre Saat vom ersten Tag an und warteten auf die ersten Pflänzchen.

Eines Tages wurde in Schilda das Salz knapp. Auch die Händler hatten keines mehr. Den Schildbürgern schmeckten aber Brot, Kartoffeln und Suppe nicht ohne Salz.

Deshalb hatten sie die Idee, Salz auf dem Acker auszustreuen. Es sollte wachsen wie Getreide.

Als schließlich die Brennnesseln schon groß und dicht auf dem Acker standen, kamen einige Schildbürger und probierten das Kraut. Oh, wie das auf der Zunge brannte!

Und tatsächlich! Schon bald grünte der Acker und vor allem viele Brennnesseln wuchsen.

„Das Salz ist reif“, rief daraufhin der Schweinehirt mit Tränen in den Augen und dennoch begeistert, „wir müssen es ernten!“

Also fuhren die Schildbürger mit ihren Erntewagen zum Acker. Als sie das Brennnesselkraut mit Sicheln und Sensen schneiden wollten, biss es ihnen in Hände, Füße und Beine und ließ sie wie junge Lämmer herumhüpfen. Keiner war mehr bereit, das Kraut zu schneiden.

1. Lies alle Teile der Geschichte.
2. Verbinde die Textteile mit einem roten Stift in der richtigen Reihenfolge.
3. Markiere Wörter und Wortgruppen, die dir geholfen haben, den jeweils nächsten Teil zu finden.

Hier kannst du die Geschichte vom salzigen Acker zu Ende schreiben.

Wie geht die Geschichte zu Ende?

1. Wie soll die Geschichte deiner Meinung nach zu Ende gehen?
Kreuze an oder schreibe Stichwörter für einen eigenen Schluss auf.

- [ ] keiner will das Kraut mehr ernten, es bleibt auf dem Feld stehen
- [ ] Schildbürger erfinden eine tolle Maschine zum Ernten
- [ ]

2. Schreibe ein mögliches Ende der Geschichte auf.

✲ Die Schildbürger geben nicht auf. Erfinde eine Geschichte, wie sie auf andere Weise Salz herstellen wollen.
Tipp: Achte auf den roten Faden in deiner Geschichte!

Ideen sammeln mit einem Cluster

Ein Cluster (sprich: Klasster) ist eine Gedankensammlung oder ein Ideennetz, das dir beim Schreiben hilft.

So geht's:

1. Schreibe ein Thema, zu dem du dir Gedanken machen möchtest, in die Mitte eines leeren Blattes und kreise es ein (Kernwort).
2. Nun schreibst du weitere Begriffe, die dir einfallen, um das Kernwort herum. Kreise dabei jeden Begriff ein, wenn du ihn geschrieben hast. Verbinde Wörter und Ideen, die gut zusammenpassen.
3. Überlege nun, welche deiner Einfälle du zum Schreiben nutzen möchtest. Du kannst diese mit einem Marker kennzeichnen.

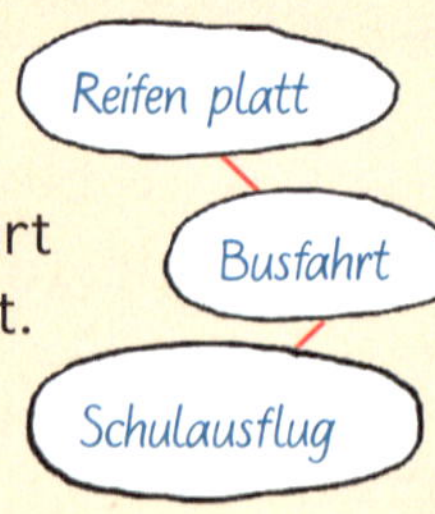

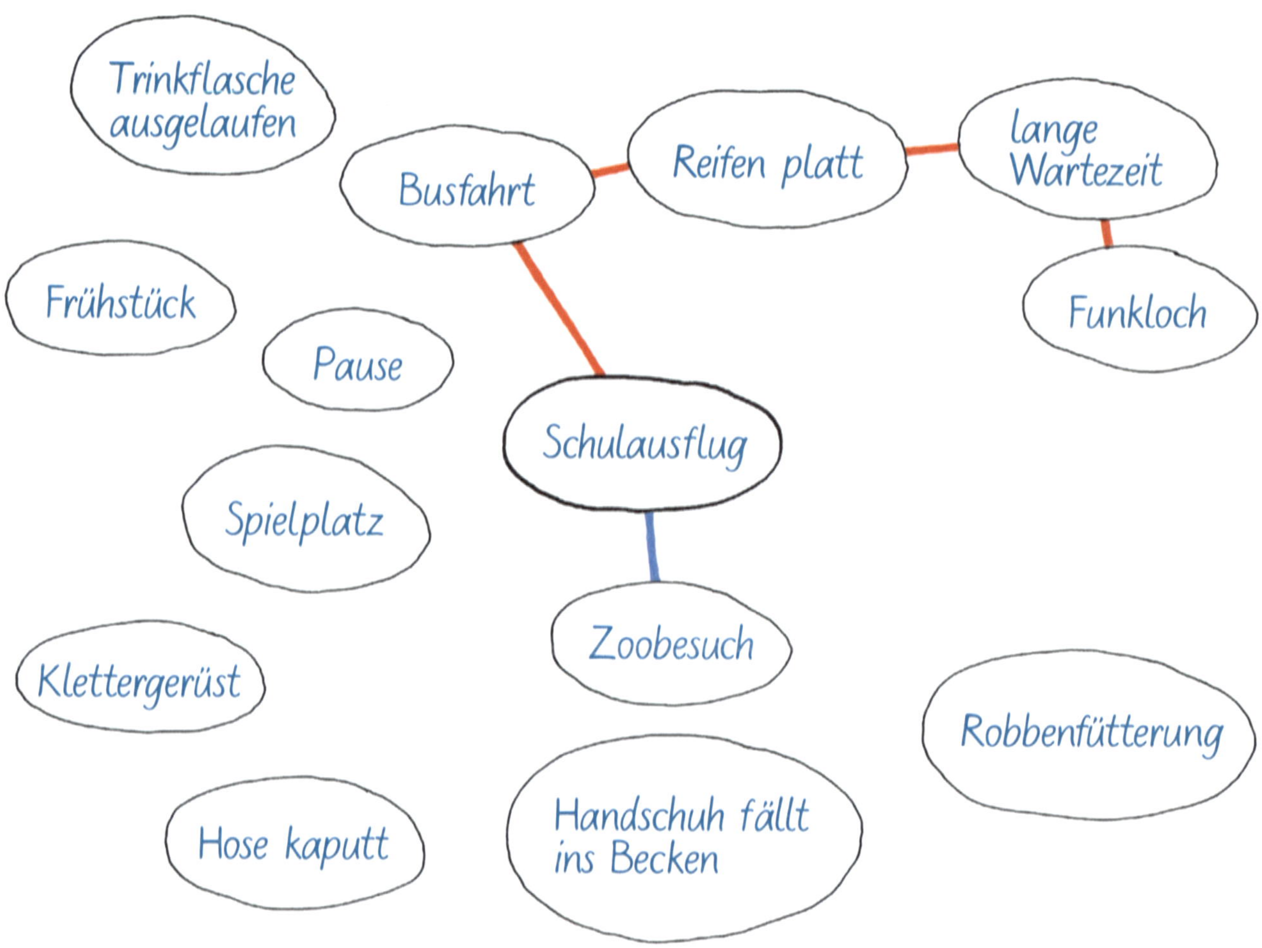

1. Schau dir das Cluster mit dem Kernwort Schulausflug genau an.
2. Verbinde Ideen, die besonders gut zusammenpassen (Ideenstränge). Verwende für jeden Ideenstrang eine andere Farbe.

Hier kannst du ein Cluster zum Thema Geburtstag erstellen.

Mein schönster Geburtstag

1. Erstelle ein Cluster zu deinem schönsten Geburtstag.
   Auf Seite 10 kannst du Schritt für Schritt lesen, wie es geht.

Mein
schönster Geburtstag

✳ Schreibe zu diesem Cluster einen Text.
ODER: Erstelle ein Cluster zu einem anderen Thema,
z. B. Großeltern, Sportfest, Unfall, und schreibe dazu einen Text.

Was ist dir gut gelungen?/Ein Cluster schreiben

- einen Stichwortzettel zu einem Ferienerlebnis schreiben
- einen Text über ein Ferienerlebnis schreiben
- zu Bildern Sätze schreiben
- einen Text über meinen Freund/meine Freundin schreiben
- den roten Faden einer Geschichte finden und markieren
- zur Geschichte vom „salzigen Acker“ einen Schluss erfinden
- in einem Cluster Ideenstränge markieren
- ein Cluster über meinen schönsten Geburtstag erstellen

1. Was ist dir gut gelungen, was weniger gut?
   Male die passenden Smileys an.
2. Erstelle ein Cluster zu deinem Lieblingstier.

3. Schreibe mithilfe des Clusters einen Text über dein Lieblingstier.

Mein Traumzimmer

1. Wie stellst du dir dein Traumzimmer vor? Sammele Ideen auf dem Stichwortzettel.

Mein Traumzimmer

–

2. Schreibe einen kleinen Text über dein Traumzimmer. Beachte dabei deine Stichwörter.

Hier kannst du Baderegeln ergänzen und selbst aufschreiben.

Baderegeln

1. Ergänze die Sätze mithilfe der farbigen Satzteile.
   Tipp: Achte auf das Ausrufezeichen am Ende der Sätze.

wo auch Schiffe fahren! | wenn ein Gewitter aufzieht!

nachdem du etwas gegessen hast! | bevor du ins Wasser gehst!

wenn es tief genug und frei ist! | wenn du nicht in Gefahr bist!

Stelle dich unter die Dusche, ______

Bade nicht dort, ______

Rufe nie um Hilfe, ______

Springe nur ins Wasser, ______

Verlasse das Wasser sofort, ______

Gehe nicht sofort ins Wasser, ______

2. Was muss man im Schwimmbad beachten?
   Schreibe weitere Baderegeln wie oben auf.

 Sätze mit Imperativen mithilfe vorgegebener Satzteile vervollständigen, selbst Befehlssätze formulieren

Klassenregeln

Damit die Arbeit in der Klasse und der Umgang mit den anderen Kindern gut funktionieren, sollen zu Beginn des Schuljahres Regeln festgelegt werden.

1. Schreibe zu jedem Bild in der Ich-Form auf, was du tun oder nicht tun sollst.

Ich setze mich ruhig auf den Platz,
wenn

Ich

✻ Schreibe alle Sätze so auf, zum Beispiel:
Setze dich ruhig auf deinen Platz, wenn …

Hier legst du eine Materialliste für ein Experiment an und vermutest, wie es ausgeht.

Ein Experiment mit einem Luftballon

Das braucht man:

Materialliste:

- Trichter
-
-
-
-
-

1. Schreibe eine Materialliste für das Experiment.

2. Betrachte die Bilder. Was wird am Schluss geschehen?
Zeichne deine Vermutung in das leere Kästchen und schreibe sie unten auf.
Tipp: Du kannst danach mit Seite 64 überprüfen, ob deine Vermutung stimmt.

3. Führt das Experiment möglichst auch selbst durch.

Hier kannst du ein Experiment Schritt für Schritt aufschreiben.

Ein Experiment aufschreiben

1. Schreibe das Experiment von Seite 16 Schritt für Schritt in der Ich-Form auf. Verwende verschiedene Satzanfänge.

Daraufhin | Dann | Anschließend | Nun | Zum Schluss

Ein Experiment mit einem Luftballon

1. Zuerst fülle ich zwei Teelöffel

✱ Schreibe ein eigenes Experiment Schritt für Schritt auf und erkläre es.

Hier lernst du, einen Briefumschlag richtig zu beschriften.

Einen Briefumschlag richtig beschriften

Absender
Vorname, Name
Straße, Hausnummer
Postleitzahl, Ort

Empfänger
Herr/Frau
Vorname, Name
Straße, Hausnummer
Postleitzahl, Ort

1. Stell dir vor, du möchtest an den Feuerwehrmann Jakob Bott schreiben. Er wohnt in der Hauptstraße 57 in 36037 Fulda. Beschrifte den Briefumschlag richtig.
2. Zeichne eine Briefmarke mit dem passenden Wert in die richtige Ecke des Umschlages.
3. Überprüfe, ob die folgenden Umschläge richtig beschriftet sind. Kreise Fehlerstellen ein.

Emil
Poststraße 16
36088 Hünfeld

Paula Martin
Erlenweg
34305 Niedenstein

Anna Sauer
Am Anger 27
Grebendorf

Oma Ilse
Lessingstr. 3
147 Ottenfeld

Hier lernst du, einen Brief mit einer Bitte zu schreiben.

Ein Brief an die Feuerwehr

Sehr geehrter Herr Bott,

wir, die Klasse 3a der Grundschule

am Seeweg,

Anrede

wer ihr seid

die Bitte vortragen

schreiben, was euch besonders interessiert

Dank

Grüße zum Schluss

1. Schreibe Herrn Bott, dass ihr gern die Feuerwehr besuchen möchtet.
   Tipp: Der rote Faden am Rand kann dir helfen.

✲ Bedanke dich bei Herrn Bott für den Besuch mit einem Brief.

Ein Steckbrief zu Harry Potter

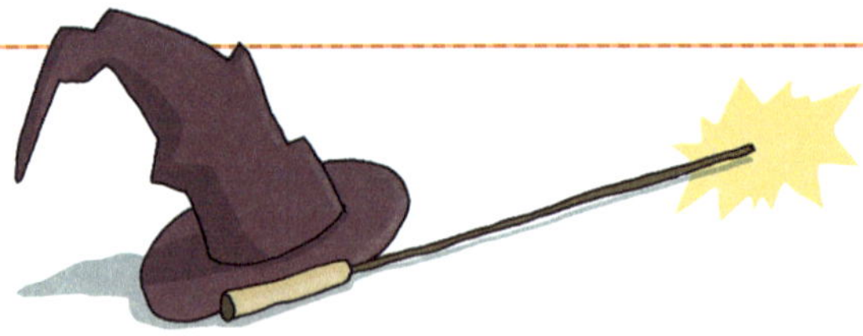

- Lilly und James Potter
- Harry Potter
- Schneeeule
- Pflege magischer Geschöpfe
- blitzförmige Narbe auf der Stirn
- Quidditch
- grün
- Joanne K. Rowling
- schwarz
- 31. Juli
- runde Brille
- Hogwarts

Name: ______________________

Geburtstag: ______________________

Haarfarbe: ______________________

Augenfarbe: ______________________

Eltern: ______________________

Besondere Kennzeichen: ______________________

____

____

____

Haustier: ______________________

Schule: ______________________

Lieblingsfach: ______________________

Hobby: ______________________

Seine Erfinderin: ______________________

____

1. Trage die Informationen über Harry Potter an den richtigen Stellen ein.

Was man über Harry Potter wissen muss

1. Schreibe einen Text über Harry Potter.
   Verwende dazu den Steckbrief von Seite 20.

Harry Potter wird am 31. Juli geboren. Seine
Eltern sind

✲ Schreibe einen Steckbrief über eine Figur aus einem Buch oder Film.

So schätze ich mich ein

Das ist mir sehr gut gelungen!

Das ist mir einigermaßen gut gelungen!

Das muss ich noch üben!

Ich kann Regeln in der Befehlsform aufschreiben.

Ich kann Regeln in der Ich-Form aufschreiben.

Ich kann ein Experiment Schritt für Schritt aufschreiben.

Ich kann eine Materialliste für ein Experiment anlegen und vermuten, wie es ausgeht.

Ich kann einen Briefumschlag richtig beschriften.

Ich kann einen Steckbrief als Text aufschreiben.

Ich kann einen Brief schreiben, in dem ich um etwas bitte.

Ich kann einen Steckbrief in Stichworten schreiben.

1. Wie sind dir die einzelnen Aufgaben gelungen? Male die Blasen in den passenden Farben an.
2. Was hast du in diesem Kapitel besonders gern gemacht?

____

____

3. Welche Aufgabe fandest du schwierig? Nenne die Seite und Aufgabe.

____

____

 erworbene Schreibkompetenzen reflektieren, sich selbst einschätzen

Eine Anleitung formulieren

1. Niklas hat ein Rezept für Zaubertinte gefunden und ausprobiert.
Jetzt schreibt er seinem Freund Jakob einen Brief und berichtet darüber.

Lieber Jakob,
gestern habe ich Zaubertinte hergestellt. Dazu
brauchst du

Hier kannst du Vergleiche für ein eigenes Gedicht ohne Reim aufschreiben.

Faulenzen

Manchmal möchte
man
faulenzen
wie ein
Gulli im
Sonnenschein,
wie ein Rasenmäher
im Winter,
wie eine Nachttischlampe
am
Tag.

Josef Reding

1. Lies das Gedicht laut.
   Unterstreiche die Vergleiche.
2. Wie kann man noch faulenzen?

wie ein

3. Schreibe eigene Vergleiche auf.

Mein eigenes Gedicht

1. Schreibe mit den Ideen von Seite **24** ein eigenes Gedicht mit dem Thema „Faulenzen". Du kannst am Rand auch dazu malen.

Faulenzen
Manchmal möchte
ich
faulenzen
wie ein

2. Statt zu faulenzen kann man auch fleißig sein. Finde dazu passende Vergleiche.

fleißig wie eine Biene beim Honigsammeln,
wie

✲ Schreibe ein eigenes Gedicht unter der Überschrift **Fleißig sein** ODER **Fröhlich sein.**

Hier kannst du ein Gedicht nach Reimen zusammensetzen.

Was ich von meinen Tanten zum Geburtstag bekam (Vera Ferra-Mikura)

~~Von Tante Wilhelmine~~

von Tante Grete

von Tante Isabell

eine Mandarine

eine Tomate

eine Harmonika

von Tante Kunigunde

ein weißes Bärenfell

von Tante Beate

eine Trompete

von Tante Veronika

zwei lustige Hunde

1. Schreibe das Gedicht richtig auf.
   Tipp: Achte darauf, was sich reimt!

Von Tante Wilhelmine eine

von

Tante Walpurga, auf die sich nichts reimt,
hat mein zerbrochenes Holzpferd geleimt.

 ein Gedicht gemäß Reim reorganisieren

Hier kannst du ein eigenes Gedicht mit Reimen schreiben.

Noch mehr Geschenke

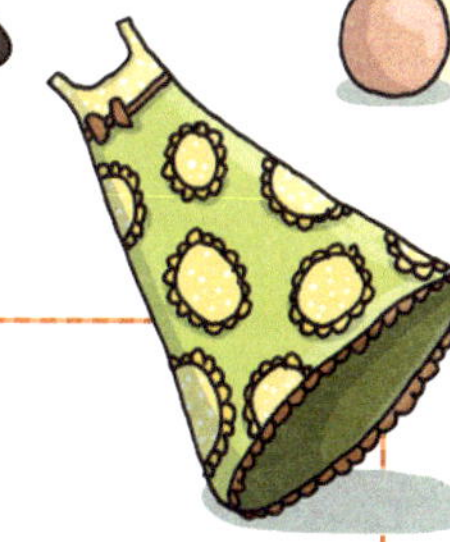

1. Was bekommt man von diesen Tanten?
   Ergänze die Reime.

von Tante Adelheid	von Tante Annett
von Tante Liane	von Tante Fee
von Tante Ruth	von Tante Merle

2. Ergänze die Tanten, die die folgenden Gegenstände mitgebracht haben.

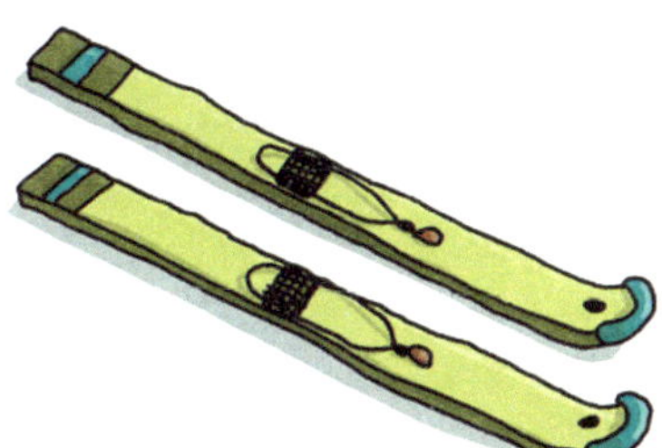

ein paar Ski

von Tante

eine Kanne

von

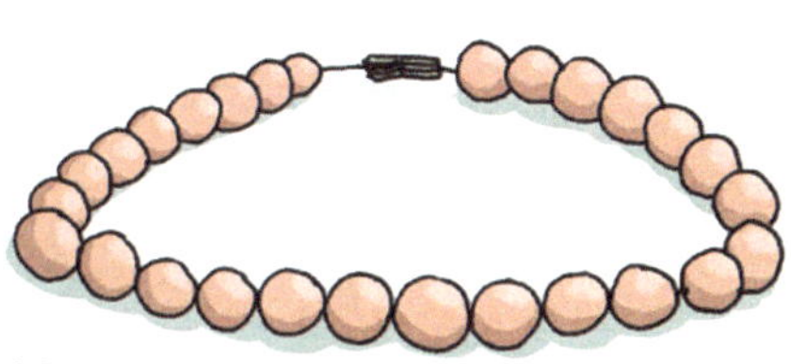

eine Kette

von

eine Cola

von

✲ Schreibe auf, was die Onkel mitgebracht haben, zum Beispiel:
Von Onkel Otto ein Zahlenlotto, von Onkel Klaus …

Hier kannst du Ideen zu einem Buch entwickeln.

Das komische Ei

Alle Vögel haben ein Ei gelegt. Alle – außer Erpel.
Dann findet Erpel ein Ei! Er hält es für das schönste Ei auf der ganzen Welt.

Erpel wartet, dass sein Küken schlüpft.

1. Was denkt Erpel?
   Was denken die anderen Tiere?
   Schreibe in die Denkblasen.

Hier kannst du eine Fantasiegeschichte weiterschreiben.

Die Geschichte von Erpel und dem Ei

Erpel hat ein tolles buntes Ei gefunden.
Was für ein Küken ist wohl darin?
Erpel wartet und wartet.
Und dann geschieht es …

Diese Fragen können dir helfen:

Wer schlüpft aus dem Ei?
Was tut Erpel dann?
Wie reagieren die anderen Tiere?
Wie kann die Geschichte ausgehen?

1. Schreibe die Geschichte weiter.

✲ Schreibe die ganze Geschichte als Comic auf mehrere Blätter.

Lukas und Munkel

Lukas wünschte sich schon lange ein Tier.
Zum Geburtstag bekam er endlich einen Kater.
Er nannte ihn Munkel.

Abends, bevor er einschlief, redete er mit Munkel, der sich häufig neben ihm auf dem Kopfkissen zusammenrollte. Wenn Lukas die Augen schloss, war es, als ob er eine unsichtbare Tür schloss und eine Welt betrat, die nur ihm und Munkel gehörte. Es war eine geheime Welt, die niemand anders kannte. Obwohl sie nur in seinem Kopf existierte, war sie doch wirklich. Man konnte in dieser Welt mit geschlossenen Augenlidern herumspazieren …
Diese geheime Welt ist eine Zauberwelt, dachte Lukas. (…) Er träumte von all den Abenteuern, die er selber, Zauber-Lukas, und Zauber-Munkel zusammen erleben würden.

Henning Mankell

1. Lies den Text.
2. Welches Abenteuer wollte Lukas mit Munkel vielleicht erleben? Mache dir dazu einen Stichwortzettel.
3. Schreibe in Sätzen auf, von welchem Abenteuer Lukas geträumt haben könnte. Verwende dazu die Ideen von deinem Stichwortzettel.

Munkel ist weg!

Aber nichts wurde so,
wie Lukas es sich vorgestellt hatte,
denn Munkel war eines Morgens verschwunden.
Die Eltern versuchten, Lukas zu beruhigen,
aber er machte sich große Sorgen …

1. Was könnte Lukas denken?
   Schreibe es in die Blasen.

2. Abends schreibt Lukas seiner Oma einen Brief.

Liebe Oma,

ich bin ganz traurig, denn

✻ Was könnte die Oma als Antwort schreiben?

Reimwörter in einem Gedicht ergänzen

Das freche Schwein

Der Maulwurf Tom ist jede ______
verärgert und sehr ______.
Ein dickes, freches, altes ______
quetscht sich in seine Hütte ______!
Da drin ist's mollig weich und ______,
Tom friert und schlägt deshalb ______.
„Dies Haus ist meins! Ich hab's ______!
Und auch noch selber ______!"
So jammert Tom, es nützt nicht ______:
Das Schwein ist dreist und auch ______.
Tom klettert auf sein spitzes ______
und hält sich mit der Zeitung ______.
„Lies vor!" So herrscht das Schwein ihn ______.
„Was ist passiert? Nun sag's schon, ______!"
Der Maulwurf schluckt, ihm ist nicht ______.
Ganz tief im Bauch, da wühlt die ______.
Das Leben könnte schöner sein,
jedoch nur ohne dieses Schwein!

Monika Seck-Agthe

Wut
Mann
Nacht
Schwein
viel
warm
wach
Alarm
angemalt
an
bezahlt
stabil
Dach
gut
aufgebracht
rein

1. Lies das Gedicht halblaut.
2. Markiere die Reimwörter im Kasten mit verschiedenen Farben.
3. Setze die Reimwörter richtig in die Lücken ein.

Sich in Figuren hineinversetzen

Was Lukas denkt

Eltern können ganz schön anstrengend sein, dachte Lukas. Aber noch anstrengender war es, einen Bruder zu haben, der größer war als man selber.
Lukas wurde wütend bei dem Gedanken, dass Wirbel immer älter sein würde als er. Wie sehr er auch wuchs, wie viele Jahre auch vergingen, Wirbel würde immer älter sein als er. Das war eine Ungerechtigkeit, gegen die man nichts machen konnte.

Henning Mankell

1. Lies den Text.
2. Male die Denkblasen aus, die auf dich zutreffen.

Ich kann mir gut vorstellen, was Lukas denkt.

Ich weiß, warum man sich über Geschwister ärgern kann.

Ich verstehe Lukas nicht.

Ich kann mir vorstellen, dass es manchmal nicht so toll ist, einen großen Bruder zu haben.

Ich glaube, Lukas' Bruder ist auf seinen jüngeren Bruder auch manchmal wütend.

Manchmal ist es vielleicht einfacher, kleinere Geschwister zu haben.

3. Was denkst du über deine Eltern oder Geschwister? Schreibe dazu etwas in die leere Blase.

Der Finde-Hund

1. Schau dir das Bild an und lies die Texte in den Blasen.
2. Schreibe in die leeren Sprech- und Gedankenblasen, was Laura und ihre Mutter denken und sagen könnten.

 Sprechblasen eines Comics ergänzen, dabei die Innensicht der Figuren berücksichtigen

Hier kannst du einen Comic weiterschreiben und -malen.

Wie geht die Geschichte vom Finde-Hund weiter?

1. Schreibe deine Ideen in die Sprech- und Denkblasen.

2. Zeichne und schreibe die Geschichte zu Ende.

✲ Zeichne und schreibe die ganze Geschichte in ein kleines gebasteltes Buch.

Der Himmelsstürmer

Eines der Lieblingskunstwerke der Kasseler Bürger ist der „Himmelsstürmer“. Seit etwa 20 Jahren kann man ihn vor dem alten Bahnhof sehen.

Jonathan Borofsky (1992)

1. Schau dir das Foto genau an.
2. Sammele in einem Cluster Ideen für eine fantastische Geschichte:
   – Wer ist der Mann und was hat er vor?
   – Wohin gelangt er und wen trifft er?

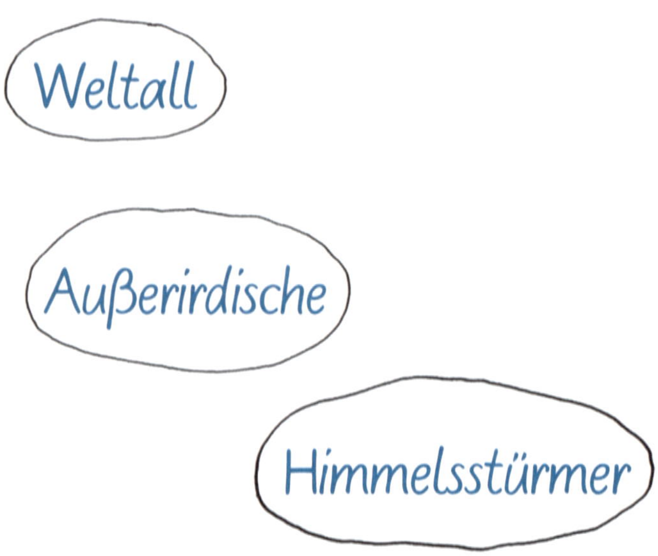

Ein ganz besonderer Mann

1. Schreibe eine Geschichte über den Himmelsstürmer von Seite 36.
Verwende dazu die Ideen aus deinem Cluster.

Dies ist die Geschichte eines ganz besonderen Mannes, den man „Himmelsstürmer" nannte.

* Suche dir ein anderes Kunstwerk aus (es kann auch ein Gemälde sein) und erfinde eine fantastische Geschichte dazu.

Ein Geräusch, wie wenn einer versucht, kein Geräusch zu machen (John Irving, Tatjana Hauptmann)

Das ist Tom. Er wacht mitten in der Nacht auf. Ein unheimliches Geräusch hat ihn geweckt. Er sagt: „Es hört sich an wie ein Monster mit ohne Arme und Beine, aber es hat versucht, sich zu bewegen."

1. Wie stellt Tom sich das Monster vor? Male es in die Gedankenblase.
2. Was könnte dann passieren? Schau dir die Bilder an und schreibe die Geschichte weiter.
   Tipp: Sammele auf einem Stichwortzettel zunächst Ideen zu den Bildern!

So geht es weiter

1. Schreibe und male die Geschichte zu Ende.

✱ Schreibe eine eigene Geschichte darüber, wie du einmal Angst hattest.

Ich kann …

Ich kann gut Gedanken zu einem Bild aufschreiben.

Ich kann gut zu einem Kunstwerk eine Geschichte erfinden und aufschreiben.

Ich kann gut ein Cluster anlegen und für einen Text verwenden.

Ich kann gut einen Stichwortzettel anlegen und für einen Text nutzen.

Ich kann gut einen Comic malen und schreiben.

1. Male die Denkblasen bunt aus, die auf dich zutreffen.
   Schreibe in die leere Denkblase, was du besonders gut kannst.

2. Schau dir Bild und Buchtitel an. Worum könnte es in diesem Buch gehen?
   Schreibe einige Sätze dazu.

Zu einem Bilderbuch schreiben: Nachts (Wolf Erlbruch)

1. Was könnten Fons und Papa nachts erleben? Schreibe die Geschichte weiter.
   Tipp: Du kannst auch auf einem gesonderten Blatt weiterschreiben.

Seltsame Aufforderungen

1. Welche Aufforderungen sind in den zusammengesetzten Wörtern versteckt?
   Schreibe sie auf und lies sie laut als Befehl.

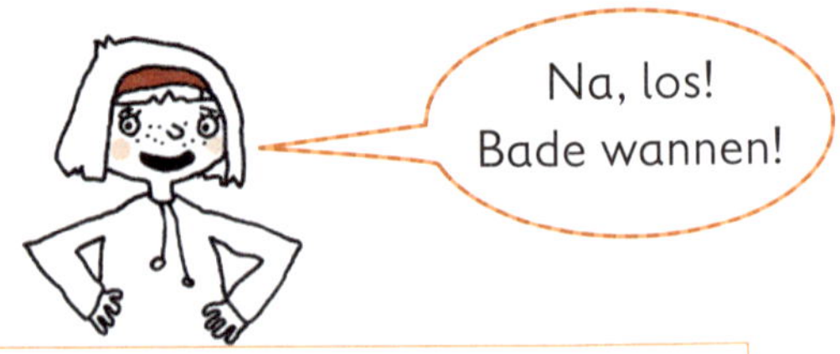

Badewannen — Bade wannen!

Putzlappen ____________________

Kneifzangen ____________________

Kühlschränke ____________________

Rolltreppen ____________________

Zeigefinger ____________________

2. Schreibe zu den folgenden Bildern auch solche Aufforderungen.

 ____________________

 ____________________

 ____________________

 ____________________

3. Suche weitere dieser zusammengesetzten Wörter und schreibe sie als Aufforderung.

Hier kannst du weiter mit Sprache spielen.

Falsch verstanden!

1. Überlege dir wie Tim und Tina witzige Beschreibungen für diese Wörter.

~~Buttermesser~~ Kugelschreiber Wasserkocher Gabelstapler Taschenrechner

Ein Buttermesser ist jemand,
der Butter ausmisst.

* Finde noch andere Nomen und umschreibe sie witzig.

Hier kannst du ein Gedicht mit lustigen Reimen lesen und weiterschreiben.

Lustige Reime

Peratze perütze,
wo ist meine Mütze?
Perütze perause,
wo ist meine Krause?
Perause peracke,
wo ist meine Jacke?
Peracke perose,
wo ist meine Hose?
Perose periefel,
wo sind meine Stiefel?

Otto Julius Bierbaum

1. Lies das Gedicht und unterstreiche die Reimwörter.
   Tipp: Achte auch auf den Anfang der Zeilen, nicht nur auf das Ende!
2. Schreibe mit den Gegenständen am Rand ein eigenes Peratze-Gedicht.

Peratze pereft,
wo ist mein Heft?
Pereft

Hier kannst du noch ein lustiges Gedicht weiterschreiben.

Schul-Regeln

Trifft man auf dem Schulweg ein Schwein
schläft man in der ersten Stunde ein.

Trifft man auf dem Schulweg eine weiße Katze
kriegen alle Lehrer eine Glatze.

Trifft man auf dem Schulweg eine Schnecke
begleitet man sie bis zur nächsten Ecke.

Trifft man auf dem Schulweg ein Krokodil
kriegt man gratis ein Eis am Stiel.

Trifft man auf dem Schulweg einen Floh
muss man zu Hause gleich aufs Klo.
(...)

Heinz Janisch

1. Schreibe das Gedicht weiter. Die Tiere oben könntest du treffen.

✲ Schreibe dein Gedicht in schöner Schrift auf ein Blatt und male dazu.

Gedichte nach Bauplan: Elfchen

Zitronengelb
Der Schmetterling
Seine Flügel zittern
Ich stehe ganz still
Wunder

Löwenzahn
Gelbe Sonnen
Blühen zwischen Steinen
Ich spüre den Frühling
Freude

Schreck
Eine Spinne
Ihr Netz zittert
Ich übersah es fast
Kunstwerk

1. Lies die Elfchen.

ein Wort	→	ein Adjektiv oder ein Nomen
zwei Wörter	→	etwas zum ersten Wort
drei Wörter	→	Wo oder wie ist es? Was tut es?
vier Wörter	→	über mich selbst – Ich …
ein Wort	→	Abschluss

2. Erinnere dich an etwas, das du draußen entdeckt hast. Male dazu.

den Bauplan der Gedichtform „Elfchen“ kennen lernen, bildliche Vorstellungen entwickeln

Hier kannst du eigene Elfchen schreiben, überprüfen und veröffentlichen.

Elfchen schreiben

1. Schreibe mit dem Bauplan von Seite 46 ein Elfchen zu deinem Bild.

Draußen

2. Lies dein Elfchen laut.

Prüfe:
– Klingt es schön?
– Enthält das Elfchen einen guten Gedanken?
– Hast du besondere Wörter verwendet?

3. Hier kannst du dein Elfchen überarbeiten oder ein zweites schreiben.
Du kannst auch einen Schmuckrahmen dazu malen.

✲ Gestalte eines deiner Elfchen als Schmuckblatt.

Meine Meinung/Ein lustiges Gedicht schreiben

1. Schreibe auf, wie es dir beim Arbeiten an diesem Kapitel ergangen ist.

   Was hat dir in diesem Kapitel besonderen Spaß gemacht?

   Was ist dir besonders gut gelungen?

   Was war witzig?

   Was würdest du gern noch einmal machen?

2. Lies das Gedicht „Am Abend“.

Am Abend	Verkehrte Welt am Abend
Die Oma strickt.	Die Oma rappelt.
Der Wecker tickt.	Der Wecker
Der Opa liest.	
Die Mutter niest.	
Das Baby zappelt.	
Die Rassel rappelt.	
Der Nachbar schellt.	
Der Hund, er bellt.	

3. Tausche die Verben aus und schreibe das Gedicht so, wie es in einer verkehrten Welt sein könnte.

Nach Regeln und Mustern schreiben

Wenn Fliegen hinter Fliegen fliegen, fliegen Fliegen Fliegen nach.
Wenn Hasen hinter Hasen hoppeln, hoppeln Hasen Hasen nach.
Wenn Läufer hinter Läufern laufen, laufen Läufer Läufern nach.
Wenn …

1. Erfinde selbst solche Sätze. Diese Wörter können dir helfen.

Roller rollen | Fahrer fahren | Tänzer tanzen

Gestern kam ein Marienkäfer angeflogen.
Er war rot und glänzend.
Sieben schwarze Punkte habe ich gezählt.
Nach einer Weile flog er davon. Schade!

2. Mache aus diesem Text ein Elfchen.

Hier lernst du, statt „sagen“ viele andere Verben zu verwenden.

Die Grille und die Ameise

Eine Grille kam bei strenger Kälte zu ihrer Nachbarin, der Ameise. Sie sagte: „Frau Nachbarin, leiht mir doch bitte etwas zu essen, denn ich bin hungrig und habe nichts.“ „Hast du denn keine Vorräte für den Winter gesammelt?“, sagte die Ameise. Die Grille sagte: „Ich hatte ja keine Zeit dazu.“ „Keine Zeit, Frau Grille? Was hast du denn den Sommer über getan?“, sagte die Ameise. „Ich habe gesungen und musiziert“, sagte die Grille. „Nun gut“, sagte die Ameise, „da du den Sommer über musiziert hast, so magst du im Winter tanzen. Wer nicht arbeitet, soll auch nicht essen.“

Nach Äsop

1. Lies den Text und unterstreiche jeweils das Verb sagen.

2. Kreise im folgenden Text jeweils ein Wort ein, das besser passt.

Eine Grille kam bei strenger Kälte zu ihrer Nachbarin, der Ameise.
Sie bat/bettelte/forderte: „Frau Nachbarin, leiht mir doch bitte etwas zu essen, denn ich bin hungrig und habe nichts.“
„Hast du denn keine Vorräte für den Winter gesammelt?“, fragte/erwiderte/schrie die Ameise.
Die Grille antwortete/entgegnete/erklärte: „Ich hatte ja keine Zeit dazu.“
„Keine Zeit, Frau Grille? Was hast du denn den Sommer über getan?“, schimpfte/rief /fragte die Ameise. „Ich habe gesungen und musiziert“, murmelte/flüsterte/meinte die Grille. „Nun gut“, entschied/entgegnete/antwortete die Ameise, „da du den Sommer über musiziert hast, so magst du im Winter tanzen.
Wer nicht arbeitet, soll auch nicht essen.“

3. Schreibe den veränderten Text mit den ausgewählten Verben in dein Heft. Unterstreiche die Verben aus dem Wortfeld sprechen.

Der Löwe und das Mäuschen

Ein Mäuschen lief über einen schlafenden Löwen.
Der Löwe erwachte und ergriff es mit seinen gewaltigen Tatzen …

☐ Na ja, vielleicht kann ich dir auch einmal helfen.

☐ Bitte schenke mir mein Leben!

☐ Warum sollte ich das tun?

☐ Der Tag wird kommen!

☐ Wie willst du mir jemals helfen?

1. Wer spricht? Übermale die Sprechblasen mit zwei Farben.
2. Nummeriere die Sprechblasen in der richtigen Reihenfolge des Gesprächs.
3. Schreibe das Gespräch als wörtliche Rede mit Begleitsätzen. Nutze diese Verben.

lachte | fragte | ~~bettelte~~ | versprach | antwortete

Das Mäuschen bettelte: „Bitte

✲ Schreibe die ganze Fabel mit einem passenden Schluss auf.

Rezepte müssen genau sein

Lieber Tim,
wie versprochen schicke ich dir das Pfannekuchenrezept.
Viel Spaß beim Backen und guten Appetit!

Pfannekuchen

Eier mit Zucker und 400 ml Milch verrühren.
Auch noch Salz dazugeben.
Danach das Mehl nach und nach unterrühren.
Du brauchst auf jeden Fall einen Mixer.
Lass etwas Öl heiß werden und gib den Teig mit einer Kelle hinein.

1. Unterstreiche die Textstellen, die ungenau oder nicht ganz verständlich sind.
2. Schreibe auf, welche Fragen Tim seinem Freund zum Rezept stellen könnte.

Hallo Lars,
ich habe noch einige Fragen zum Rezept.
1.

So macht man Pfannekuchen

Zutaten (5 Portionen):
- 5 Eier, 25 g Zucker
- 400 ml Milch
- eine Messerspitze Salz
- 200 g Mehl
- etwas Öl

1. Schreibe das Rezept in der Ich-Form richtig auf.

Zuerst

✲ Schreibe ein eigenes Rezept Schritt für Schritt auf. Du kannst auch dazu malen.

Hier kannst du Fragen zu einem Text aufschreiben.

Die Geschichtenlupe

David hat über ein Erlebnis auf der Rodelbahn eine Geschichte geschrieben.

Winter ist schön!

Ich war mal mit meinem Freund Eric auf der besten Rodelbahn der Welt! Eric musste schon um 4 Uhr nach Hause. Ich fuhr dann allein Schlitten.
Auf einmal kam ein großer Junge. Wir hatten einen Unfall. Das Bein war gebrochen. Es tat ganz schön weh!

David

1. Lies den Text und markiere Stellen, zu denen du noch Fragen hast.
2. Ergänze mögliche Fragen in den Sprechblasen.

Passt die Überschrift?

Wann ____________________

Warum ____________________

Wie ____________________

Hier kannst du eine Geschichte überarbeiten.

Meine Vorschläge zu Davids Geschichte

1. Schreibe deine Meinung und einige Vorschläge in Stichworten auf einen Notizzettel oder ins Heft.

Das hat mir an Davids Text gut gefallen	**Vorschläge, was er noch ändern könnte**
die beste Rodelbahn der Welt	

2. Schreibe Davids Text mit deinen Vorschlägen neu.

✲ Schreibe über ein eigenes Erlebnis im Winter oder über einen Unfall.

Ein Märchen

Es war einmal ein Junge, der ging allein durch **die Gegend**. Auf einmal stand er vor einer **Mauer**. Durch ein Tor sah er einen **Garten**, darin stand ein **Haus**. Er ging in den Garten. Plötzlich stand ein **riesiges Tier** vor ihm. Er hatte Angst. Da kam eine **Frau** aus dem Haus …

1. Wie könnten **die Gegend, die Mauer** und **der Garten** genau aussehen? Sammelt in der Tabelle verschiedene Ideen.

die Gegend	die Mauer	der Garten
ein einsamer See	eine alte, halb verfallene Mauer	ein wunderschöner Garten mit lauter Mohnblumen

2 Schreibe auf, wie **das Haus, das riesige Tier** und **die Frau** aussehen könnten. Du kannst auch dazu malen.

Hier kannst du passende Wörter in einem Märchen verwenden.

Ein Märchen wird überarbeitet

1. Schreibe den Märchenbeginn von Seite 56 mit deinen Ideen auf.
   Finde anschließend eine passende Überschrift.

Es war einmal ein Junge,

✲ Schreibe das Märchen zu Ende.

Wie ich mich selbst einschätze

	Das habe ich gern gemacht!	Das habe ich nicht so gern gemacht!	Das habe ich gar nicht gern gemacht!
Seite 50 und 51: treffende Wörter für sagen finden			
Seite 52 und 53: ungenaue Stellen in einem Rezept finden, ein Rezept richtig aufschreiben			
Seite 54 und 55: unklare Stellen in einem Text finden, Fragen zum Text aufschreiben, Vorschläge zum Überarbeiten des Textes aufschreiben			
Seite 56 und 57: einen Text durch gute Wörter verbessern, sodass man sich alles genau vorstellen kann			

1. Lies den Text in der Tabelle und kreuze an, was auf dich zutrifft.
2. Schreibe auf, was dir beim Schreiben von Geschichten bisher am besten gelingt.

____

____

____

3. Welche Aufgabe war für dich in diesem Kapitel am schwierigsten?

____

____

____

Wenn die Tiere sprechen könnten …

jubelten | schwatzten | ~~erzählte~~ | brummten | murmelte | befahl | sprach | piepste

Der Uhu erzählte: „Vor langer Zeit gab es hier bei uns keine Menschen. Unser Wald war ein richtiger Urwald.“

„Was denn“, ____________ die Maus, „alles gehörte uns?“

Die Meisen ____________ aufgeregt: „Das war bestimmt viel schöner als heute!“ „Ruhe!“, ____________ der Rabe.

Ein kleiner Kauz ____________: „Ist der aber streng!“

Der Uhu soll weiterreden!“, ____________ die Hummeln.

Und so ____________ der Uhu weiter:

„Es wurden keine Bäume umgeschlagen und so gab es keine Wege durch unseren Wald, nur die Pfade, die Hirsch, Reh, Wildschwein und Fuchs getreten hatten. Wir wollen überlegen, wie wir die alten Zeiten wieder lebendig machen können.“

„Ja“, ____________ die Zuhörer begeistert, „alles soll wieder so werden wie früher!“

1. Lies den Text.
2. Schreibe die richtigen Verben aus dem Wortfeld **sprechen** in die Lücken.
3. Wie kann man noch sprechen, z.B. wenn man wütend oder traurig ist? Schreibe einige weitere Wörter aus dem Wortfeld **sprechen** auf.

____

____

Texte sind zum Lesen da!

Es gibt viele verschiedene Möglichkeiten, Texte ansprechend oder auch witzig zu präsentieren.

Verschenktext

Schreibe einen besonders gut gelungenen Text, zum Beispiel ein Gedicht, in Schönschrift auf ein Blatt und verziere den Rand mit Mustern und kleinen Bildern. Rolle das Blatt dann auf und binde es mit einer schönen Schleife zusammen. Nun kannst du es verschenken.

Geschichte aus der Streichholzschachtel

Schneide von einem weißen Blatt einen ungefähr 4 cm breiten Streifen ab. Schreibe eine gut gelungene Geschichte ganz klein auf diesen Streifen. Falte den Streifen dann so, dass er in eine Streichholzschachtel passt. Schreibe auf die Streichholzschachtel den Namen der Geschichte und verziere sie passend.

Faltkarte

Falte ein längliches Blatt von beiden Seiten zur Mitte. Schreibe innen hinein und gestalte das Blatt außen passend zum Thema deines Textes. Du kannst auch eine Karte in Herzform oder in der Form eines Hauses, einer Tanne usw. basteln.

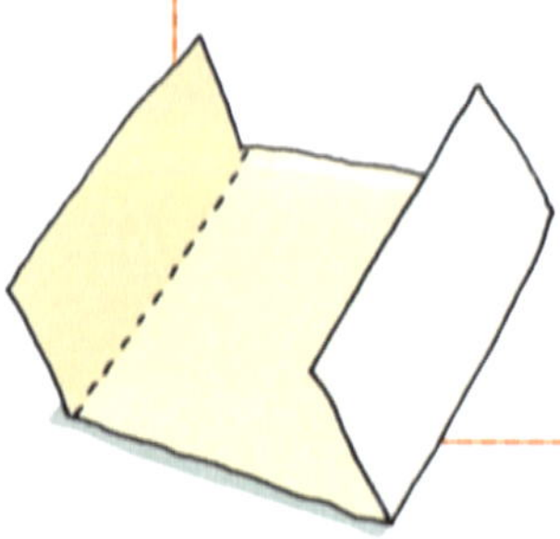

Geschichtenbüchlein

Nimm einige kleine Zettel und tackere sie an der Seite zu einem kleinen Büchlein zusammen. Schreibe auf die erste Seite den Namen deiner Geschichte und verziere sie passend. Teile deine Geschichte dann in Abschnitte ein und schreibe sie auf die übrigen Seiten.

1. Schreibe eine kleine Geschichte über einen Ausflug oder ein Elfchen über ein Tier und gestalte den Text mit einer dieser Ideen.

Hier kannst du ein Gedicht abschreiben und schön gestalten.

Ein Gedicht schön gestalten

Das Kuckuckskind

Ich hatte einen Traum
von einem schönen Baum.
Auf einem Ast, ganz stark und fest,
da war gebaut ein Vogelnest.
Im Nest, da lag ein Kuckucksei,
das brach, als ich es sah, entzwei.
Heraus schlüpfte ein Kuckuckskind
und das erzählte mir geschwind:
Ich hatte einen Traum ...

KNISTER

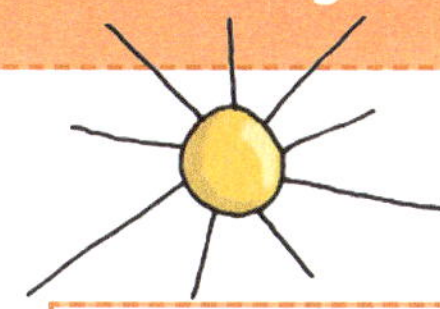

Die drei Fische

Drei Fische
saßen in Hawaii
auf rosaroten Stühlen.
Sie wollten sich im Meereswind
die zarten Flossen kühlen.
Sie aßen viel Zitroneneis
und schnarchten um die Wette
am schönen Strande von Hawaii
und gingen spät zu Bette.

Antonie Schneider

1. Lies die beiden Gedichte und schreibe eines in Schönschrift auf.

✻ Gestalte eines der Gedichte nach einem Vorschlag von Seite 60.

A B C D E F G H I J K L M N O P Q R S T U V W X Y Z

Einzelne Buchstaben schön gestalten

Schon im Mittelalter hat man in alten Büchern die Anfangsbuchstaben von Wörtern besonders verziert. Versuche es doch auch einmal bei einem kleinen Gedicht!

Große Liebe ist nicht klein,
Rostet nicht und geht nicht ein,
Wird nicht schlecht
Und wird nicht kalt,
Sondern hundert Jahre alt.

Frantz Wittkamp

1. Schreibe das Gedicht in Druckschrift ab und gestalte den ersten Buchstaben in jeder Zeile besonders schön.

A B C D E F G H I J K L M N O P Qu R S T U V W X Y Z

Hier kannst du Wörter in einem Gedicht besonders gestalten.

Einzelne Wörter besonders gestalten

Wörter (zum Beispiel in Gedichten) kannst du mit Farben und kleinen Zeichnungen gestalten – passend zur Bedeutung der Wörter.

1. Lies das folgende Gedicht und schau dir die besonders gestalteten Wörter an.

Tag im April

Sonne
Sonne und Regen
Licht und Schatten
Dunkle Wolken
Dicke Tropfen
Helle Sonnenstrahlen
Und plötzlich
Ein Regenbogen
So viele Farben!
Rot und orange
Gelb, grün und blau!
Tag im April
Bunt und schön!

2. Suche andere Wörter in dem Gedicht, die sich auch besonders gestalten lassen, und probiere am Rand, was du daraus machen kannst.

* Schreibe und male das ganze Gedicht auf ein weißes Blatt.
ODER: Gestalte einen eigenen Text mit besonderen Wörtern.

Schreibtrainer 3

Texte planen, schreiben, überarbeiten und präsentieren – Bildungsstandards erreichen

Erarbeitet von
Christine Berthold
Gisela Dorst
Sabine Krönert

Redaktion: Martina Schramm
Illustration: Stefanie Jeschke
Umschlaggestaltung: Klein & Halm Grafikdesign, Berlin,
unter Verwendung eines Bildmotivs von Peter Wirtz, Dormagen
Layout und technische Umsetzung: Marina Goldberg

Textquellen

S. 24 Josef Reding: Faulenzen. Aus: J.R.: Gutentagtexte. Engelbert-Verlag, Balve 1974.
S. 26 Vera Ferra-Mikura: Was ich von meinen Tanten zum Geburtstag bekam. Aus: Hans Domenego/Hilde Leiter (Hrsg.): Im Fliederbusch das Krokodil singt wunderschöne Weisen. Verlag Jugend und Volk, Wien 1977.
S. 30 Henning Mankell: Lukas und Munkel. Aus: H.M.: Ein Kater schwarz wie die Nacht. Deutsch von Angelika Kutsch. Oetinger Verlag, Hamburg 2000.
S. 32 Monika Seck-Agthe: Das freche Schwein. Aus: Hans-Joachim Gelberg (Hrsg): Überall und neben dir. Verlag Beltz und Gelberg, Weinheim und Basel 1986.
S. 33 Henning Mankell: Was Lukas denkt. Aus: H.M.: Ein Kater schwarz wie die Nacht. Deutsch von Angelika Kutsch. Oetinger Verlag, Hamburg 2000.
S. 44 Otto Julius Bierbaum: Peratze, perütze ... Aus: Das Reimehaus. Kindergedichte. Gesammelt von Katrin Behrend. Betz Verlag, München 1970.
S. 45 Heinz Janisch: Schul-Regeln. Aus: Ein Pudel spricht zur Nudel. Komisches für Kinder. Aufbau Verlag, Berlin 2010.
S. 61 KNISTER: Das Kuckuckskind. Aus: Wo ist mein Schuh?, fragte die Kuh. Geschichten und Spiele. Edition Bücherbär. Arena Verlag, Würzburg 2001; Antonie Schneider: Die drei Fische. Aus: Ein Pudel spricht zur Nudel. Komisches für Kinder. Aufbau Verlag, Berlin 2010.
S. 62 Frantz Wittkamp: Große Liebe. © Frantz Wittkamp.
S. 63 Martina Schramm: Tag im April. © Martina Schramm.

Bildquellen

S. 28 Buchabbildungen aus: Gravett, Emily: Das komische Ei. © 2008 Emily Gravett. © der deutschen Übersetzung 2010 Patmos Verlag, Mannheim.
S. 30/31/33 Buchcoverabbildung und Ausschnitt aus Buchcover von Heike Vogel aus: Henning Mankell: Ein Kater schwarz wie die Nacht. Oetinger Verlag, Hamburg 2000.
S. 30 Jonathan Borofsky: Der Himmelsstürmer (Man Walking to the Sky), 1992. Foto: picture-alliance/dpa/Uwe Zucchi.
S. 38/39 Abbildungen aus: John Irving: Ein Geräusch, wie wenn einer versucht, kein Geräusch zu machen. Illustrationen von Tatjana Hauptmann. Diogenes Verlag, Zürich 2003.
S. 40 Buchcoverabbildung von Yoko Tanaka aus: Kate diCamillo: Der Elefant des Magiers. dtv, München 2010.
S. 41 Abbildung aus: Wolf Erlbruch: Nachts. Peter Hammer Verlag, Wuppertal 1999.

Lösung zu Seite 16

Das Backpulver bildet zusammen mit dem Essig ein Gas. Dadurch wird der Luftballon aufgeblasen.

www.cornelsen.de

1. Auflage, 1. Druck 2011

Druck: Himmer AG, Augsburg

ISBN 978-3-06-083128-9

Inhalt gedruckt auf säurefreiem Papier aus nachhaltiger Forstwirtschaft.